Aufbau und Funktionsweise von klassischen Computern und Quantencomputern

Ein Vergleich

Niklas Höfling

Bibliografische Information der Deutschen Nationalbibliothek:

Die Deutsche Nationalbibliothek verzeichnet diese Publikation in der Deutschen Nationalbibliografie; detaillierte bibliografische Daten sind im Internet über http://dnb.d-nb.de abrufbar.

ISBN: 9783346674524
Dieses Buch ist auch als E-Book erhältlich.

Nymphenburger Straße 86
80636 München

Druck und Bindung: Books on Demand GmbH, Norderstedt Germany
Gedruckt auf säurefreiem Papier aus verantwortungsvollen Quellen

Das Buch bei GRIN: https://www.grin.com/document/1245727

Studienarbeit

Vergleichende Beschreibung des Aufbaus und der Funktionsweise von klassischen und Quantencomputern

Verfasser:

Niklas Höfling

Wirtschaftsinformatik

IT-Consulting

Eingereicht am:

2020-07-31

Inhaltsverzeichnis

Abbildungsverzeichnis

1 Einleitung

1.1 Ausgangslage und Zielsetzung

Die letzten Jahre und Jahrzehnte brachten eine starke Entwicklung in der Informationstechnologie mit sich. Damalige Computer Räume finden heute komprimiert in kleinen Heimcomputern Platz. Smartphones besitzen heute Rechenleistungen von mehreren Gigahertz. Jedoch ist ein Punkt der Singularität erreicht. Transistoren befinden sich in Größenordnungen von einigen wenigen Nanometern und eine weitere Minimierung wird schwieriger. Ein Großteil der heutigen Leistung ist jedoch auf dieser Entwicklung begründet.[1] Durch die Konsolidierung und bevorstehende Stagnation ist die weitere Entwicklung unbestimmt. Eine in den letzten Jahren stark an Interesse gewonnene Technologie bietet einen möglichen neuen Aufschwung. Quantencomputer oder das Quanten computing. Es wurden erfolgsversprechende Durchbrüche erzielt. Firmen wie Google, IBM oder Microsoft investieren viel in die neue Technologie und konnten auch schon erste Erfolge feiern.[2] So wurden die ersten funktionsfähigen Quantencomputer vorgestellt.

Das Ziel der Studienarbeit ist es die Funktionsweise von herkömmlichen Computern, sowie die der Quantencomputer darzustellen, zu erläutern und grundlegend miteinander zu Vergleichen.

1.2 Aufbau der Arbeit und Methodik

Die Arbeit ist in drei Teile gegliedert. Zunächst wird zu Beginn der allgemeine Aufbau und die Funktionsweise von herkömmlichen Computern beschrieben. Das Kapitel 3 beschreibt den Aufbau und die Funktionsweise von Quantencomputern. Dabei wird ein besonderer Fokus auf die physikalischen Gesetze gelegt. Schlussfolgend soll am Ende dieser Studienarbeit ein Umfassendes Bild des Aufbaus und der Funktionsweise moderner Computer und deren Technologien entstehen.

---

[1] Vgl. Drechsler R.; Fink A.; Stoppe J. (2017), S.116.

[2] Vgl. Jaeger L. (2018), S.498f.

2 Der klassische Computer

2.1 Funktionsweise

Ein Computer arbeitet grundlegend nach dem EVA-Prinzip. So werden Daten nach der Eingabe automatisch verarbeitet, oftmals gespeichert und wieder ausgegeben.[3] Die Eingabe erfolgt durch ein Eingabegerät, wie einer Tastatur oder einer Maus. Die Verarbeitung wird Computerintern mittels einer Central-Processing-Unit, kurz CPU, durchgeführt. Die Ausgabe erfolgt heutzutage mittels eines Bildschirms. Die Kommunikation der Komponenten erfolgt über ein Bussystem, eine physikalische Verbindung, untereinander.[4] Damit die Daten von einem Computer verarbeitet werden können, müssen diese in binärer Form zugrunde liegen.[5] Dafür werden die Daten in binäre Daten kodiert.[6] Diese können nur die logischen Zustände 0 oder 1 annehmen. Eine Veränderung ist immer nur sprunghaft in den anderen Zustand möglich. Diese Zustände werden durch Transistoren abgebildet. Sie sind die elementarsten physikalischen Bauteile eines Computers. Abhängig von einer anliegenden Spannung, bildet der Transistor einen der beiden Zustände ab.[7] Vereinfacht dargestellt, kann ein Transistor als Schalter gesehen werden. Der Zustand 0 repräsentiert: Strom fließt nicht und Zustand 1 repräsentiert: Strom fließt. Ein Computer besteht aus Millionen bis Milliarden solcher Transistoren, sie sind dabei „fast 4000 Mal dünner als ein menschliches Haar "[8].

2.1.1 Logikgatter

Transistoren bilden die Schaltungen für Logikgatter. Logikgatter sind elektronische Bauelemente, welche die grundlegenden Logikverknüpfungen: UND, ODER, NICHT und WENN-DANN realisieren, indem sie ein UND-Gatter, ein ODER-Gatter, ein NICHT-Gatter und ein WENN-DANN-Gatter bereitstellen.[9] Diese Gatter werden durch ein zusammensetzten einer, vom Gatter abhängigen, Anzahl von Transistoren gebildet.[10]

---

[3] Vgl. Schubert S.; Schwill A. (2011), S.4.

[4] Vgl. Drechsler R.; Fink A.; Stoppe J. (2017), S.28.

[5] Vgl. ebda. S.56.

[6] Vgl. ebda. S.46.

[7] Vgl. ebda. S.30f.

[8] Ebda. S.33.

[9] Vgl. ebda. S.12f.

[10] Vgl. ebda. S.35.

Abbildung 1: Logikgatter mit Wertetabellen

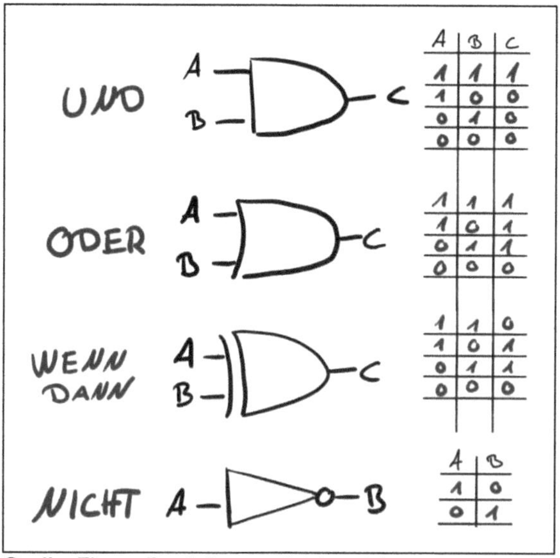

UND

A	B	C
1	1	1
1	0	0
0	1	0
0	0	0

ODER

A	B	C
1	1	1
1	0	1
0	1	1
0	0	0

WENN DANN

A	B	C
1	1	0
1	0	1
0	1	1
0	0	0

NICHT

A	B
1	0
0	1

Quelle: Eigene Darstellung nach Internet A

A und B bilden die Eingangssignale und C das Ausgangssignal. Die Wertetabellen geben Aufschluss über das Verhalten der Signale in den verschieden möglichen Situationen. Nur die NICHT-Verknüpfung besitzt das Eingangssignal A und das Ausgangssignal B. Der Wert von A wird hier invertiert bei B ausgegeben. Eine Verknüpfung von der UND-, ODER-, WENN DANN-Verknüpfung mit der NICHT-Verknüpfung ist möglich. Die resultierenden Verknüpfungen finden sich in Anhang 1.

Durch die Logikgatter ist es nun möglich Aussagen aus der klassischen Mathematik mithilfe von Gattern physikalisch abzubilden. Durch diesen Zusammenhang ist es ebenfalls möglich die Boolesche Algebra als Grundlage für den systematischen Aufbau von Schaltungen heranzuziehen. Aufgrund von mathematisch äquivalenten Beziehungen von verschieden dargestellten Aussagen, ist es oftmals möglich Schaltungen Ressourcensparend zu vereinfachen. Zudem ist es durch eine Entwicklung von mehreren optimalen Bausteinen, möglich auch komplexere Konstruktionen zu realisieren.[11]

[11] Vgl. Zitzler E. (2018), S.74f.

2.1.2 Das Bit und der Code

Der Informationsgehalt von Transistoren, Zustand 0 oder 1, wird in der Informationseinheit Bit, gespeichert. Werden n Bits zusammengefasst, so besitzen sie als Bitfolgen 2^n mögliche Zustände, allerdings kann immer nur genau ein Zustand abgebildet werden. Die Kodierungsmenge von mehreren Bits wächst exponentiell an und je mehr Transistoren verbaut werden, desto mehr mögliche Zustände gibt es.[12]

Bitfolgen werden auch für die binäre Repräsentation von Zeichen verwendet. Durch einen eindeutigen Code können die Zustände von n Bits, bzw. einer n langen Bitfolge, zu einem genauen Zeichen zugeordnet werden.[13] Dabei von Bedeutung ist es, dass die Codierung Injektiv ist.

Abbildung 2: Beispiel eines Codes

Zeichen		Bitfolge		Zeichen
A	->	001	->	A
B	->	010	->	B
C	->	100	->	C
D	->	011	->	D
E	->	110	->	E

Quelle: Eigene Darstellung

Abbildung 3: Ausschnitt ASCII-Tabelle

Zeichen		Bitfolge		Zeichen
A	->	1000001	->	A
B	->	100010	->	B
C	->	100011	->	C
D	->	100100	->	D
E	->	100101	->	E

Quelle: Eigene Darstellung

Ein einheitlicher Code wird durch die ASCII-Tabelle gesetzt, sie ermöglicht eine sinnvolle Kommunikation zwischen Computern. So können übertragene Bits auch von anderen Computern verarbeitet und anschließend für den Menschen sinnvoll dargestellt werden.[14] Durch diese Standardisierung wird jedoch nicht die gesamte Breite an Zeichen abgedeckt. In ihr befindet sich ein Standardrepertoire. Die Sonderzeichen der einzelnen Regionen werden durch sog. Unicode-Symbole, auch UTF-8 genannt, ergänzt. An dieser Stelle werden die Zeichen zu bestimmten Bitfolgen zugeordnet und dadurch eindeutig codiert.[15]

---

[12] Vgl. Drechsler R.; Fink A.; Stoppe J. (2017), S.47.

[13] Vgl. ebda. S.48.

[14] Vgl. ebda. S.48.

[15] Vgl. Zitzler (2017), S.290.

Einen solchen Code gibt es bei allen Daten, welche von Computern verarbeitet werden. Bei versendeten Daten bezeichnet sich diese Codierungsvorschrift als Protokoll. Ebenso die Kommunikation zwischen dem Menschen und Computer muss eindeutig und für den Computer verständlich sein. Eine Programmiersprache ermöglicht es, dem Computer eindeutige Nachrichten zu geben, welche er dann verarbeiten kann. Die für uns lesbare Sprache wird durch einen Compiler in einzelne Befehle aufgeteilt. Diese werden dann letztlich in Maschinensprache übersetzt, welche vom Computer interpretiert werden kann. Die Maschinensprache ist dann die endlich lange Bitfolge aus 0en und 1en.[16]

2.1.3 Rechnen mit Bits

Auch da sich die Grundrechenarten alle auf die Addition zurückführen lassen, rechnet ein Computer mit der Addition mit Übertrag.[17] Auf Hardware Ebene wird ein solches Addierwerk durch eine Verbindung von mehreren Logikgattern realisiert.[18] Der Computer rechnet nun Binärzahlen mithilfe dieses Addierwerk zusammen. Durch die Zustandsärme der einzelnen Bits sind die einzelnen Operationen trivial.

Abbildung 4: Addition von zwei Dualzahlen und zwei Dezimalzahlen

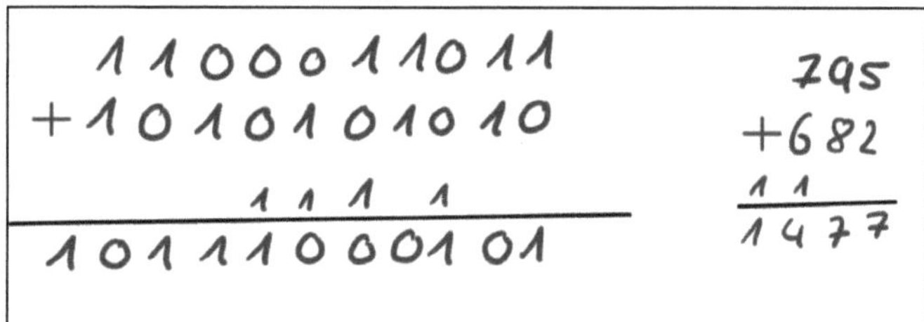

Quelle: Eigene Darstellung

Dennoch erzeugt die Menge an Rechenschritten, welche benötigt werden, eine Last. Die Abarbeitung der Berechnungen ist stringent und erfolgt schrittweise nacheinander. Ein einfacher Vergleich der beiden Bits liefert das jeweilige Teilergebnis.

Überträgt man diesen Vergleich auf die Ebene der Logikgatter, so kann eine Aneinanderreihung von mehreren Logikgattern schon einen einfachen Rechner ergeben.

---

[16] Vgl. Drechsler R.; Fink A.; Stoppe J. (2017), S.77f.

[17] Vgl. ebda. S.56.

[18] Vgl. ebda. S.59.

Die verschiedenen binären Signale werden durch die Gatter verglichen und die jeweiligen Teillösungen gespeichert. So entsteht nach der letzten Teillösung eine Gesamtlösung, welche dann ausgegeben, oder weiterverarbeitet werden kann. Eine weitaus umfangreichere Erarbeitung eines solchen Rechners liefert Zitzler auf den Seiten 50 bis 85 in seinem Buch „Dem Computer ins Hirn geschaut“. Er geht dort noch weiter auf die Vereinfachung und auf die Performancesteigerung ein. Ein solcher Exkurs soll hier nicht ausgeführt werden.

2.2 Stärken und Probleme

Getrieben von dem Wunsch der stetigen Leistungssteigerung entwickelten sich auch die Computer der letzten Jahre dementsprechend schnell. Durch die wachsende Nachfrage, die Digitalisierung und die folgende Automatisierung wurden Prozessabläufe nicht nur im Alltag verbessert.[19] Auch die Produktion der Computer an sich profitiert von dieser Entwicklung. Computer besitzen die Möglichkeit Rechenaufgaben und Alltagsprobleme mit Leichtigkeit zu bewältigen. Ihre stringente Abarbeitung aller einzelnen Teillösungen zu einer Gesamtlösung ermöglicht es ihnen Aufgaben nachvollziehbar und logisch zu lösen. Dennoch stößt diese Entwicklung an ihre Grenzen. Die Minimalisierung wird sich bei weiterer Entwicklung nicht mehr rentieren und eine Stagnation dieses Trends ist denkbar.[20] Ein zu erwähnendes Hindernis hierbei ist der sog. Tunneleffekt. Er tritt bei Größenordnungen im geringen Nanometerbereich auf. Durch eine Unbestimmtheit der Ortsvariablen von Elektronen aufgrund ihrer Quanteneigenschaften, ist eine Funktionalität der Transistoren nicht gegeben. Elektronen können hierbei den Transistor auch bei geschlossenem Zustand passieren.[21]

Kryptographische Verschlüsselungstechniken, wie die RSA-Verschlüsslung, welche auf der Schwierigkeitsasynchronität zwischen Primzahlen Multiplikation und Primfaktorzerlegung beruht, bringen eine nahezu unmögliche Anzahl an berechenbaren

[19] Vgl. Statista A.
[20] Vgl. Drechsler R.; Fink A.; Stoppe J. (2017), S.116.
[21] Vgl. Internet B.

Möglichkeiten mit sich, welche durch eine stringenten Lösungsansatz nahezu unlösbar sind.[22] Somit gelten sie in der heutigen Informatik als sicher.[23] Die folgende Computerarchitektur bietet eine Lösung für die gerade vorgestellten Grenzen, jedoch bringt ihre Entwicklung einige Hürden mit sich.

---

[22] Vgl. Jaeger L. (2018), S.491.

[23] Vgl. Homeister M. (2018), S.194f.

3 Quantencomputer

Bei „normalen" Computern ist der Zustand eines Transistors und damit auch die Information, enthalten im Bit, eindeutig, diese ist messbar und auch vorhersehbar. Bei Quantencomputern ist diese grundlegende Eigenschaft anders.

Auch wenn Quantencomputer sich in den letzten Jahren in einem besonderen Fokus befinden, so ist die Idee nicht neu. Richard Feynman beschrieb schon im Jahr 1982, dass:

"Wenn Sie eine Simulation der Natur bauen wollen, dann sollte sie besser quantenmechanisch sein, und, ei der Daus, plötzlich ist das ein wunderbares Problem, weil es ganz und gar nicht einfach aussieht." -Richard Feynman

Auch David Deutsch thematisierte 1985 die Quantenmechanik und lieferte ein erstes Modell eines Quantencomputers.[24] Die weitere Erforschung und genauere Beobachtung von Quantenobjekten machte eine solche Entwicklung nun möglich.

3.1 Physikalische Grundlagen

3.1.1 Entdeckung von Quantenobjekten

In der klassischen Physik gibt es allgemeine Aussagen, welche eine Vorhersage über das Verhalten von physikalischen Objekten ermöglicht. Sie sind meist mathematische Regeln, welche einen festen Rahmen um diese Aussagen schaffen. So können wir Gegenstände oder Objekte, auch wenn gerade nicht mit ihnen interagiert wird, als existent und eigenschaftsreich betrachten. Ein, aus Alltagserfahrung, normales Prinzip, ohne welches die Welt in dieser Form nicht existieren würde. Quantenobjekte, die nahezu kleinsten Objekte verhalten sich jedoch grundlegend anders. Sie erhalten ihre Eigenschaften erst bei einer Wechselwirkung mit ihrer Umwelt.[25]

Der 1802 von Thomas Young konstruierte Doppelspaltversuch prägte die moderne Physik grundlegend. Ziel des Versuches war es den Wellencharakter von Licht zu beweisen.[26]

---

[24] Vgl. Grimes R. A. (2019), S.83.

[25] Vgl. Jaeger L. (2018), S.159f.

[26] Vgl. Internet C.

Exkurs: Jeder Punkt auf einer Wellenfront kann nach den Huygensschen Prinzip Erreger einer neuen Elementarwelle sein. Verläuft eine Welle durch einen kleinen Spalt, so entsteht durch Beugung an dem Spalt eine kohärente Kreiswelle.[27] Beim Doppelspaltversuch befinden sich zwei solcher Spalte in unmittelbarer Nähe zueinander auf einem Hindernis wieder. Eine auf das Hindernis verlaufende Welle erzeugt nun an den Spalten eine elementare Kreiswelle. Diese Kreiswellen bilden auf einem nachstehenden Schirm ein, durch destruktive- und konstruktive Interferenz entstehende Interferenzmuster. Eine Eigenschaft, welche nur bei Wellen zu finden ist.[28] Ein Versuchsaufbau ist in Anhang 2 zu finden. 1961 führte Claus Jönsson den Versuch mit Elektronen durch, welche bis zur damaligen Auffassung noch als Teilchen galten. Überraschenderweise verhielten sich die Elektronen wie Wellen. Bei genauerer Untersuchung, wieso sich die Elektronen wie Wellen verhalten, veränderten sie jedoch wieder ihr Verhalten passend zu dem von Teilchen. Eine Größtenteils von Niels Bohr, aber auch Werner Heisenberg und Max Born erarbeitete Erklärung für diese Ergebnisse liefert die Koppenhagener Deutung. Sie versucht diese komplementären Eigenschaften in physikalische Phänomene zu verpacken und liefert ein grundlegendes Verständnis für diese Verhaltensweisen.[29]

3.1.2 Eigenschaften von Quantenobjekten

Quantenobjekten wird eine Eigenschaft zugeschrieben, welche sich Superposition nennt. Nach der Kopenhagener Deutung sind sie indeterministisch. So besitzen sie zum Beispiel keinen bestimmten Ort, sondern nur eine Wahrscheinlichkeit sich an einem bestimmten Ort zu befinden. Diese Wahrscheinlichkeit ist nicht überall gleich. Durch eine Messung der Ortsvariablen, wird diese Superposition zerstört. So existieren Elektronen beispielsweise, vor der Beobachtung, gar nicht in Form eines Teilchens. Der Kollaps der eindeutigen Wahrscheinlichkeitsfunktion, verursacht durch die Beobachtung, bestimmt nicht die Position, sondern erzeugt diese erst auf unbekannte Weise und mit ihr die Teilcheneigenschaften.[30] Beim Doppelspaltversuch wurde die Beobachtung mithilfe eines Detektors realisiert. Wird der Weg des Elektrons nun verfolgt, ändern sich die Eigenschaften zu den eines Teilchens. Der Kollaps

---

[27] Vgl. Osterhage W. W. (2018), S.96.

[28] Vgl. Brands G. (2011), S.12ff.
S.a.: ebda. S.31f.

[29] Vgl. Homeister M. (2018), S.280ff.

[30] Vgl. ebda. S.21.

der Wahrscheinlichkeitsfunktion zwang die Elektronen sich vor dem Hindernis an einem bestimmten Ort zu befinden. Die Interferenz der Wahrscheinlichkeitsfunktionen nach dem Doppelspalt blieb aus.

Eine weitere Eigenschaft ist die sogenannte Verschränkung. Quantenobjekte können einen „Partner" haben. Eins der gängigen Beispiele zur Erläuterung dieser Eigenschaft ist der Spin von Elementarteilchen. Sie können einen positiven oder negativen Spin von 0, 1, 2 oder ½ besitzen. Eine Veränderung des Spins bei einem Teilchen verändert zugleich den Spin des verschränkten Partners. Der Informationsaustausch findet hierbei scheinbar superluminar statt und läuft entgegen der speziellen Relativitätstheorie von Albert Einstein. Diese „Verbindung" wird als spukhafte- oder geisterhafte Fernwirkung bezeichnet.[31] Die beiden Partner sind nicht mehr als einzelne zu betrachten, sondern als Ganzes. Sie sind miteinander verschränkt. Eine räumliche Trennung, egal von welcher Entfernung, verändert diese Eigenschaft nicht.[32]

3.2 **Funktionsweise**

Bei Quantencomputern werden sich diese Eigenschaften der Quantenphysik zunutze gemacht. Obwohl Quantencomputer auch mit den Einheiten 0 und 1 arbeiten, so ist die Art des Rechnens und die Bestimmung des Ergebnisses verschieden.

3.2.1 Das Qubit

Der eindeutige Informationsgehalt eines Bits in 0 oder 1 existiert bei einem Quantencomputer in dieser Form nicht. Die Quantenbits, oder Qubits, können beide Zustände zugleich besitzen.[33] „Man spricht von *Superposition* oder *Überlagerung* der klassischen Zustände [0] und [1]."[34]. Auch hier entscheiden die Qubits sich erst bei einer Messung für einen der Zustände. Durch die Verschränkung von Qubits können die Zustände der Qubits von anderen Qubits beeinflusst werden.

In Kapitel 2.2 wurde beschrieben, dass es bei n Bits 2^n mögliche Zustände gibt, wobei immer nur ein Zustand eindeutig abgebildet werden kann. Bei Qubits ist das nicht

---

[31] Vgl. Hawking S. (2018), S.91ff.
S.a.: Homeister M. (2018), S.279.

[32] Vgl. Osterhage W. W.(2018), S.131.

[33] Vgl. Homeister M. (2018), S.20f.

[34] Homeister M. (2018), S.20.

der Fall. Die möglichen Zustände sind durch die Superposition auch gleich der Verwendbaren Zustände. Auch wenn sich die Zustände nicht genau bestimmen lassen, kann mit diesen gerechnet werden.[35] Bei der Herstellung von Qubits gibt es verschiedene Technologien, nach welchen eine realisation beruhen kann. Dadruch gibt es verschiedene Funktionsweisen und auch die Manipulationen der Zustände unterscheidet sich.[36]

3.2.2 Fehlerkorrektur von Qubits

Die Schaltung von Transistoren, wie in Kapitel 2.1 beschrieben, wird durch eine anliegende Spannung geregelt. Spannungen sind aber nicht konstant und nicht instantan veränderbar. Sie verändern sich stetig und verhalten sich schwankend um ihre Spannungsebene.

Abbildung 5: Analoges und Digitales Signal

Anmerkung der Redaktion: Die Abbildung wurde aus urheberrechtlichen Gründen entfernt.

Quelle: http://www.netzmafia.de/skripten/digitaltechnik/intro.html

Abbildung 5 zeigt, wie die Spannung sich verändert. Die blaue Linie stellt dann hier das digitale Signal dar. Bei zwei Zuständen ist diese Form der Verwendung ausreichend. Wenn sich das analoge Signal im verbotenen Raum befindet, wird erst ab einem Grenzwert das digitale Signal gesetzt. Auch Schwankungen im 4-5V Bereich beeinflussen das digitale Signal nicht. Dadurch können Transistoren immer eindeutig geschaltet sein und eine Fehlerkorrektur ist hier nicht notwendig. Die Fehlerkorrektur

[35] Vgl. Nielsen M.; Chuang I. (2011), S.16f.
S.a.: Ostergae W. W. (2018), S.129.

[36] Vgl. Homeister M. (2018), S.270.

wird erst bei der Übertragung von Bits benötigt, damit eine falsche Übertragung korrigiert werden kann. Dies geschieht meist mit Prüfsummen oder auch paritäts Bits.[37]

Anders ist es hingegen bei den Qubits. Aufgrund ihrer Superposition können Qubits unendlich viele verschiedene Zustände annehmen. Aufgrund dieser Eigenschaft sind sie besonders fehleranfällig, da schon kleinste Veränderungen einen anderen zulässigen Zustand erreichen.[38] Qubits werden deshalb in Gruppen zusammengefasst. Mehrere physikalische Qubits ergeben einen logischen Qubit. Somit mitteln sich die Fehler und ein fehlerfreieres Qubit wird erschaffen. Dadurch verringert sich die Anzahl an verwendbaren Qubits jedoch stark.

Es gibt noch weitere fehlerkorrigierende Methoden, wie z.B. die Isolation von Qubits, das Arbeiten mit Prüfsummen oder auch die Verwendung unter extremer Kälte.[39] Auf letzteres wird in einem späteren Kapitel genauer eingegangen, andere sollen hier nicht weiter erläutert werden.

3.2.3 Quantengatter

In klassischen Computern dienen die Logikgatter zur Realisierung der Booleschen Algebra, um eingehende Signale logisch zu verarbeiten und das Ergebnis als ausgehendes Signal weiterzuleiten. Dabei können die Anzahl der Eingänge und der Ausgänge verschieden sein. Die Operation wird dann durch das physikalische Gatter durchgeführt und die Informationen in den Bits gespeichert.

Auch Quantencomputer besitzen ebenfalls Gatter, sog. Quantengatter. Sie unterscheiden sich jedoch grundlegend zu den Logikgattern. Die Quantengatter sind keine physikalischen Bausteine, sondern beschreiben vielmehr den Vorgang der physikalischen Manipulation der Qubits. Quantengatter besitzen immer eine Gleichung zwischen Eingängen und Ausgängen. Ein klassisches UND-Gatter wäre somit nicht möglich. Des Weiteren müssen Quantengatter immer irreversible sein. Eine Quantengatter Manipulation, auf die Qubits, kann immer durch ein anderes Quantengatter „rückgängig“ gemacht werden. Im Folgenden wird grundlegend der Aufbau der 1-Qubits-Gatter und des controlled-NOT, kurz: CNOT, Gatters beschrieben.

---

[37] Vgl. Homeister M. (2018), S.242.
[38] Vgl. ebda. S.95f.
S.a.: ebda. S.242ff.
[39] Vgl. Grimes R. A. (2019), S.40ff.

Beide bilden die Grundlage für die weitaus komplexeren mehrfach-Qubit-Gatter, welche hier jedoch nicht tiefer behandelt werden sollen.[40]

Bei den 1-Qubit-Gattern handelt es sich um Gatter, welche eine Manipulation auf nur ein Qubit ausführen. Wie diese Manipulation durchgeführt wird, ist jedoch nicht allgemein gleich. Sie hängt immer von dem Aufbau und der Funktionsweise von den Qubits zusammen. Die Ergebnisse der Manipulation durch die gleichen Gatterarten sind jedoch die gleichen.

Abbildung 6: Ausgewählte Quantengatter

Operator	Gatter	Matrix
Pauli-X	X	$\begin{bmatrix} 0 & 1 \\ 1 & 0 \end{bmatrix}$
Pauli-Z	Z	$\begin{bmatrix} 1 & 0 \\ 0 & -1 \end{bmatrix}$
CNOT		$\begin{bmatrix} 1 & 0 & 0 & 0 \\ 0 & 1 & 0 & 0 \\ 0 & 0 & 0 & 1 \\ 0 & 0 & 1 & 0 \end{bmatrix}$

Quelle: Eigene Darstellung nach Internet D

Demnach liefert eine Anwendung eines Pauli-X Operators immer die gleiche Matrix als Ergebnis. Das Pauli stammt hierbei von Wolfgang Pauli, welcher die 2x2 Matrizen zur Beschreibung des Spins von Elementarteilchen verwendete.[41] Die Matrix Notation erwies sich als einfach und gut handhabbar.

Das erste Element der ersten Zeile, sowie das erste Element der zweiten Zeile repräsentieren bei den Pauli Operatoren die möglichen Eingangszustände der Qubits. Die zweiten Elemente der Zeilen repräsentieren den Ausgangszustand der Qubits nach der Manipulation. Demnach erkennt man, dass das X-Gatter gleich dem NICHT-Gatter der Logikgatter entspricht. Allerdings gelten hier noch weitere Bedingungen, diese werden von Nielsen M. und Chuang .I auf der Seite 18 in Quantum Computation and Quantum Information genauer ausgeführt.

---

[40] Vgl. Nielsen M.; Chuang I. (2011), S.21f.
S.a.: Jaeger L. (2018), S.72.

[41] Vgl. Homeister M. (2018), S.80.

Hinzu den X-Gatter, dem Quanten-NICHT-Gatter, der 1-Qubit-Gatter, existiert ein NICHT-Gatter auch für die 2-Qubit-Gatter. Das CNOT-Gatter. Seine Matrix kann ebenfalls Abb.5 entnommen werden. Das controlled-NOT-Gatter bietet die Möglichkeit einen Qubit durch einen anderen Qubit zu kontrollieren. „This gate has two input qubits, known as the *control* qubit and the *target* qubit "[42]. In Abbildung 6 wird das obere als control Qubit und das untere als target Qubit gezeigt. Das CNOT-Gatter enthält auf der target Seite ein X-Gatter, welches nun das target Qubit unter der Kontrolle des control Qubits verändert. Ist der Eingangszustand 1, so wird das target Qubit verändert. Sonst passiert nichts.[43]

Eine wichtige Eigenschaft von Qubits sei hier noch erwähnt. Sie können nicht kopiert werden, auch als No-Cloning-Theorem bekannt. Soll der Zustand von einem Qubit auf den eines anderen kopiert werden, so findet ein Informationsverlust statt. Dies hat eine Schädigung der Irreversibilität zur Folge. Werden Qubits als Vektoren betrachtet, so muss die Transformation unitär sein. Das Skalarprodukt der alten Qubits und das der neuen Qubits muss übereinstimmen. Diese Eigenschaft wäre jedoch nur bei Orthogonalen Zuständen möglich.[44]

3.2.4 Rechnen mit Qubits

Quantenbits lassen sich durch die Verschränkung miteinander Verbinden und somit können auch mehrere Qubits zu einem Netzwerk zusammengefasst werden. Durch den gänzlich anderen Aufbau von Qubits, ist auch die Art des Rechnens mit ihnen deutlich anders. Die durch den Zusammenschluss ermöglichte Parallelisierung der Rechenschritte bringt Vorteile gegenüber der sequenziellen Rechnung mit sich. Quantencomputer werden z.b. in den Medien teilweise fälschlicherweise als Parallelrechner bezeichnet. Hier ist jedoch zu Unterscheiden. Um die Metapher von Homeister aufzugreifen, so bietet ein Parallelrechner zwar auch die Möglichkeit mehrere Berechnungen gleichzeitig durchzuführen, jedoch müssen alle seine Rechenarme koordiniert und einzeln angesteuert werden. Quantencomputer besitzen hier nur einen Arm. Die Berechnungen an sich finden alle, aufgrund der Superposition, gleichzeitig statt.[45]

---

[42] Nielsen M.; Chuang I. (2011), S.20.
[43] Vgl. Nielsen M.; Chuang I. (2011), S.20f.
[44] Vgl. Homeister M. (2018), S.81ff.
S.a.: Nielsen M.; Chuang I. (2011), S.24f.
[45] Vgl. Homeister (2018), S.12.

Abbildung 7: Darstellung Berechnungsabläufe

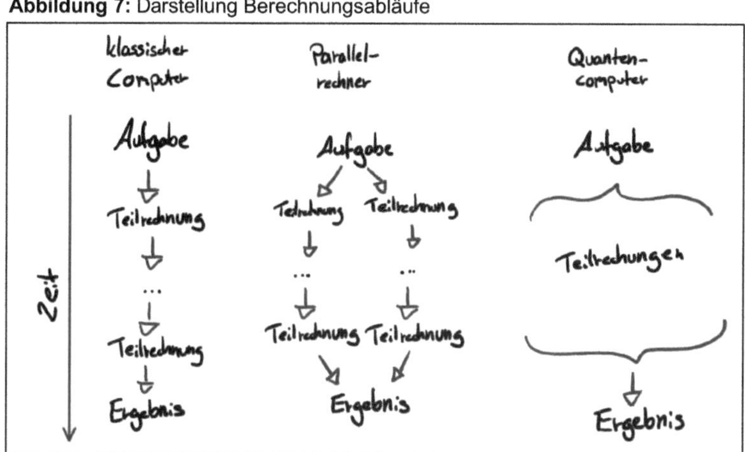

Quelle: Eigene Darstellung

Abbildung 7 gibt einen groben Überblick, wie die Berechnungen sich untereinander unterscheiden. Auffällig ist, dass die Quantencomputer nach einer ganz anderen Art rechnen. Auch der Unterschied zwischen Parallelrechnern und Quantencomputern soll hier verdeutlicht werden. Die Teilrechnungen werden hier teilweise zwar auch parallel ausgeführt, jedoch auf mehreren Zweigen/Armen.

In einem Quantencomputer gibt es keine sequenzielle Abarbeitung einzelner Teilrechnungen. Aufgrund der Superposition der Qubits werden die Manipulationen und auch die Berechnungen auf alle möglichen Zustände zeitgleich ausgeführt. So werden alle möglichen Ergebnisse der Berechnungen zugleich berechnet. Hier sei einmal auf das theoretische Katzen Experiment von Erwin Schrödinger verwiesen, wodurch ein Verständnis für diesen Ablauf vermutlich vereinfacht wird.[46]

Bei der Ergebnisfindung gibt es nun jedoch einige Probleme. Das Quantensystem ist ein offenes System. Anders als bei geschlossenen Systemen, beeinflusst die Messung der Eigenschaften von Quantenobjekten die Eigenschaften dieser selbst. Die bei der Messung verwendeten Photonen wechselwirken mit den gemessenen Elementarteilchen. Dies wird auch Quantenkontextualität genannt. Um diesen Effekt zu minimieren werden die Temperaturen meist auf den absoluten Nullpunkt gesenkt,

[46] Vgl. Homeier M. (2018), S.17ff.

da dort die Bewegungen der Teilchen am geringsten ist.[47] Aufgrund der Unschärferelation ist es jedoch nicht möglich, dass Teilchen einen festen Ort und eine feste Geschwindigkeit besitzen. Am absoluten Nullpunkt besitzen diese Teilchen deswegen eine beliebig große Geschwindigkeit und es kommt zu Quantenfluktuationen. Die Quantenobjekte unterliegen ständiger Energie und Parameterschwankungen aufgrund von virtuellen Teilchen.[48]

Nun aber zu der eigentlichen Ergebnisfindung. Das Ergebnis der Berechnung wird durch eine Wechselwirkung mit dem Quantensystem und dem Makrosystem bestimmt. Dieser Übergang wird als Dekohärenz bezeichnet. Sobald irgendeine, nicht kohärente, Wechselwirkung mit dem Quantenobjekt durchgeführt wird, verlässt das Objekt die Superposition. Es findet eine „quantenmechanische Verschränkung der ursprünglich isolierten Zustände des Quantensystems [und] den Freiheitsgraden der klassischen Messsystems in einer einzigen großen Gesamt-Wellenfunktion [statt]“[49]. Diese Wellenfunktion beinhaltet nun eine statistische Mischung der Zustände des Quantensystems und des Messsystems zu einem Gesamtsystem. Jaeger beschreibt dies auch als „[Verschränkung von] Mikrowelt und Makrowelt“[50]. Die Quanteneigenschaften verschwinden in der Dekohärenzzeit und tauchen in der Wellenfunktion nicht auf. Die Wellenfunktion stellt letztlich ein zentrales Ergebnis da. Sie ist das Ergebnis der überlagerten Wahrscheinlichkeitswellen der Qubits, welche miteinander Interferieren, sowie der tatsächlichen Zustände der Qubits. Das richtige Ergebnis wird dann durch konstruktive Interferenz sichtbar und liefert das Ergebnis der Aufgabe.[51]

Bei rückwirkender Betrachtung der Ergebnisbestimmung wird nochmal deutlich, warum die Fehleranfälligkeit bei diesen Berechnungen so hoch ist. Schon kleinste Veränderungen wirken sich auf die Interferenz der Wellen aus und verfälschen das Ergebnis. Des Weiteren bleiben die Ergebnisse Wahrscheinlichkeiten und sind der Grund, warum die Berechnungen oft wiederholt werden.[52]

---

[47] Vgl. Jaeger L. (2018), S.506.
[48] Vgl. Internet D.
[49] Jaeger L. (2018), S.510.
[50] Ebda. S.511.
[51] Vgl. Jaeger L. (2018), S.513f.
S.a.: Internet E.
[52] Vgl. Grimes R. A. (2019), S.41.

3.3 Stärken und Probleme

Die vergangenen Kapitel zeigen, wie komplex der Aufbau eines Quantencomputers wirklich ist und es noch einige Probleme gibt. In den vergangenen Jahren wurden viele Hürden überwunden und es gibt vielversprechende Ansätze zur Realisierung. Auch eine Vision vom Quanteninternet existiert bereits.[53] Dennoch sind die Berechnungen und auch die Durchführung dieser kompliziert und aufwendig. Probleme müssen sehr genau auf den Quantencomputer abgestimmt werden und eine Ergebnisfindung ist sehr fehleranfällig. Es wird einen Zeitpunkt geben, an welchem Quantencomputer Probleme schneller als klassische Computer lösen können. Dieser Zeitpunkt wird quantum supremacy, zu Deutsch: Quantenüberlegenheit, genannt. Auch wenn die Medien schon von einer Revolution und teilweise von quantum supremacy sprechen, so ist es noch nicht eindeutig geklärt, ob dieser Punkt erreicht wurde. Google und Intel sprechen schon von solch einem Zeitpunkt, wobei sich IBM beispielsweise noch davon distanziert.[54]

Denkbar ist jedoch, dass die Geschwindigkeit eines Quantencomputers ein Problem für die zukünftige Sicherheit darstellen kann. Der bereits 1994 von Peter Shor veröffentliche Shor Algorithmus bietet die Möglichkeit sehr große Primzahlen zu faktorisieren. Das in Kapitel 2.2 erwähnte RSA-Verschlüsselungsverfahren wäre entschlüsselbar und damit nicht mehr sicher.[55] So gibt es schon ein neues Teilgebiet in der Informatik, welches sich mit diesem Problem befasst. Das Post-Quanten-Kryptographie, kurz PQC, sucht nach asymmetrischen Verschlüsselungen, welche auch für Quantencomputer nicht entschlüsselbar sind.[56]

[53] Vgl. Fürnkranz M. G. (2019).
[54] Vgl. Grimes R. A. (2019), S.38.
[55] Vgl. ebda. S.77.
[56] Vgl. DigiCert (2019), S.2f.

4 Schlussbetrachtung

Im Zuge dieser Arbeit wurde der Aufbau und die Funktionsweise klassischer- und Quantencomputern erläutert und diese grundlegend miteinander verglichen. Hierbei wurde auf die verschiedenen Architekturen und Arbeitsweisen eingegangen, um ein grundlegendes Verständnis für den Unterschied zu erlangen.

Zusammenfassend lässt sich festhalten, dass der Aufbau und die Architektur sich in Teilgebieten stark ähneln. Die Umsetzung auf der physikalischen und technischen Ebene ist jedoch deutlich unterscheidbar. So ist beispielsweise die Art der Berechnung bei Quantencomputern eine gänzlich neue. Der grundlegende Aufbau, durch Zustände und Gatterverknüpfungen, bleibt jedoch gleich. Dennoch gab und gibt es bei der Umsetzung von Quantencomputern noch viele Hürden. Firmen wie Google, IBM oder Microsoft sehen in dieser Technologie jedoch ein großes Potenzial, investieren viel und treiben damit die weitere Entwicklung stark voran.

Quantencomputer bieten eine neue Möglichkeit Probleme zu lösen, welche an die Grenze der Möglichkeiten von klassischen Computern stoßen. Dadurch sind vor allem Aufgaben mit sehr vielen Teilschritten schneller und teilweise auch überhaupt erst lösbar. Anwendungsfelder wie in der Kryptographie, als auch in der Biologie sind denkbar. Die Vision des Quanteninternets bietet weitere theoretische Denkansätze, welche in der Zukunft wahrscheinlich noch thematisiert werden.

Anhang

Anhang 1: Logikgatter mit Wertetabellen (Ergänzung)

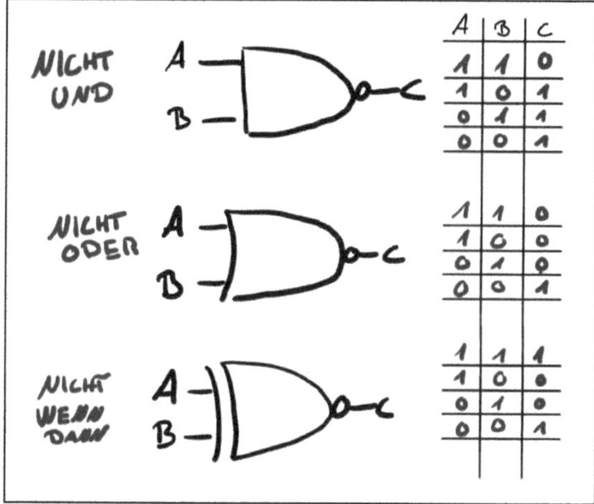

A	B	C
1	1	0
1	0	1
0	1	1
0	0	1
1	1	0
1	0	0
0	1	0
0	0	1
1	1	1
1	0	0
0	1	0
0	0	1

Quelle: Eigene Darstellung nach Internet A

Anhang 2: Versuchsaufbau des Doppelspaltexperiments

Anmerkung der Redaktion: Der Anhang wurde aus urheberrechtlichen Gründen entfernt.

Quelle: https://www.spektrum.de/fm/912/thumbnails/doppelspaltexperiment_online.png.3419039.png

Anhang 1: Verschiedene Quantengatter

Operator	Gate(s)	Matrix
Pauli-X (X)		$\begin{bmatrix} 0 & 1 \\ 1 & 0 \end{bmatrix}$
Pauli-Y (Y)		$\begin{bmatrix} 0 & -i \\ i & 0 \end{bmatrix}$
Pauli-Z (Z)		$\begin{bmatrix} 1 & 0 \\ 0 & -1 \end{bmatrix}$
Hadamard (H)	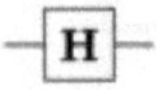	$\frac{1}{\sqrt{2}}\begin{bmatrix} 1 & 1 \\ 1 & -1 \end{bmatrix}$
Phase (S, P)	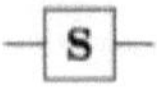	$\begin{bmatrix} 1 & 0 \\ 0 & i \end{bmatrix}$
$\pi/8$ (T)	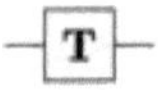	$\begin{bmatrix} 1 & 0 \\ 0 & e^{i\pi/4} \end{bmatrix}$
Controlled Not (CNOT, CX)	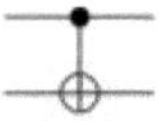	$\begin{bmatrix} 1 & 0 & 0 & 0 \\ 0 & 1 & 0 & 0 \\ 0 & 0 & 0 & 1 \\ 0 & 0 & 1 & 0 \end{bmatrix}$
Controlled Z (CZ)		$\begin{bmatrix} 1 & 0 & 0 & 0 \\ 0 & 1 & 0 & 0 \\ 0 & 0 & 1 & 0 \\ 0 & 0 & 0 & -1 \end{bmatrix}$
SWAP		$\begin{bmatrix} 1 & 0 & 0 & 0 \\ 0 & 0 & 1 & 0 \\ 0 & 1 & 0 & 0 \\ 0 & 0 & 0 & 1 \end{bmatrix}$
Toffoli (CCNOT, CCX, TOFF)	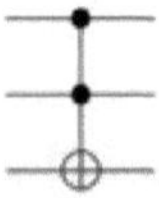	$\begin{bmatrix} 1 & 0 & 0 & 0 & 0 & 0 & 0 & 0 \\ 0 & 1 & 0 & 0 & 0 & 0 & 0 & 0 \\ 0 & 0 & 1 & 0 & 0 & 0 & 0 & 0 \\ 0 & 0 & 0 & 1 & 0 & 0 & 0 & 0 \\ 0 & 0 & 0 & 0 & 1 & 0 & 0 & 0 \\ 0 & 0 & 0 & 0 & 0 & 1 & 0 & 0 \\ 0 & 0 & 0 & 0 & 0 & 0 & 0 & 1 \\ 0 & 0 & 0 & 0 & 0 & 0 & 1 & 0 \end{bmatrix}$

Quelle: https://en.wikipedia.org/wiki/Quantum_logic_gate

Literaturverzeichnis

Brands G. (2011): Brands Gilbert: Einführung in die Quanteninformatik, 2011, Springer

Gösta Fürnkranz M. (2019): Gösta Fürnkranz Mag.: Vision Quanten-Internet, 2019, Springer

Jaeger L. (2018): Dr. Jaeger Lars: Die zweite Quantenrevolution, 2018, Springer

Hawking S. (2018): Hawking Stephen William: Eine kurze Geschichte der Zeit, Rowohlt Taschenbuch Verlag, 2018, 23.Auflage

Homeier M. (2018): Dr. Homeister Matthias: Quantum Computing verstehen, 2018, Springer, 5.Auflage, Buchreihe: Computational Intelligence

Osterhage W. W.(2018): Dr. Osterhage Wolfgang W.: Eine Rundreise durch die Physik, 2018, Springer

Zitzler E. (2017): Dr. Zitzler Eckart: Dem Computer ins Hirn geschaut, 2017, Springer

Grimes R. A. (2019): Grimes Roger A.: Cryptography Apocalypse: Preparing for the Day When Quantum Computing Breaks Today's Crypto, 2019, John Wiley & Sons

Nielsen M.; Chuang I. (2011): Nielsen Michael A., Chuang Isaac L.: Quantum Computation and Quantum Information, 2011, CUP, 10th Anniversary Edition

Schubert S.; Schwill A. (2011): Schubert Sigrid,Schwill Andreas: Didaktik der Informatik, 2011, Springer, 2.Auflage

Drechsler R.; Fink A.; Stoppe J. (2017): Drechsler Rolf, Fink Andrea, Stoppe Jannis: Computer, 2017, Springer, Buchreihe: Technik im Fokus

Internet A: https://elektro.turanis.de/html/prj087/index.html, Stand: 13.07.20 14:33

Internet B: https://www.weltderphysik.de/gebiet/technik/news/2016/weltkleinster-transistor-erreicht-ein-nanometer-schwelle, Stand: 01.07.20 11:46

Internet C: https://www.leifiphysik.de/optik/wellenmodell-des-lichts/grundwissen/licht-als-welle, Stand: 13.07.20 15:21

Internet D: https://de.wikipedia.org/wiki/Vakuumfluktuation, Stand: 15.07.20 14:48

Internet E: https://www.elektronikpraxis.vogel.de/rechnen-mit-qubits-so-arbeitet-ein-quantencomputer-a-648407, Stand: 15.07.20 15:49

Statista A: https://de.statista.com/statistik/daten/studie/160925/umfrage/ausstattungsgrad-mit-personal-computer-in-deutschen-haushalten/, Stand: 14.07.20 13:02

DigiCert (2019): Quantencomputer als Chance und Risiko: DigiCert-Bericht zur PQC-Befragung 2019